Primul atlas ilustrat
Animale

Text: Deborah Chancellor

Ilustrații: Anthony Lewis

CORINT JUNIOR

Traducere: Adrian Deliu

Redactare: Carmen Botoșaru

Tehnoredactare computerizată: Flavian Muscalu,
Cristina Gvinda

FIRST ANIMAL PICTURE ATLAS

ISBN: 978-973-128-203-9
București, 2008

Tipărit în Taiwan.

Pentru comenzi și informații, adresați-vă la:
Editura **CORINT JUNIOR** – Difuzare și Clubul Cărții
Splaiul Independenței nr. 202 A, sector 6, București
Tel.: 319 88 22, 319 88 33, 319 88 77. Fax: 319 88 66
E-mail: vanzari@edituracorint.ro
Magazin virtual: www.edituracorint.ro
www.corintjunior.ro

Descrierea CIP a Bibliotecii Naționale a României
Primul atlas ilustrat. Animale /
text: Deborah Chancellor; trad.: Adrian Deliu;
il. Anthony Lewis. - București: Corint, 2008
ISBN 978-973-128-203-9

I. Chancellor, Deborah (text)
II. Deliu, Adrian (trad.)
III. Lewis, Anthony (il.)

087.5:59

Cuprins

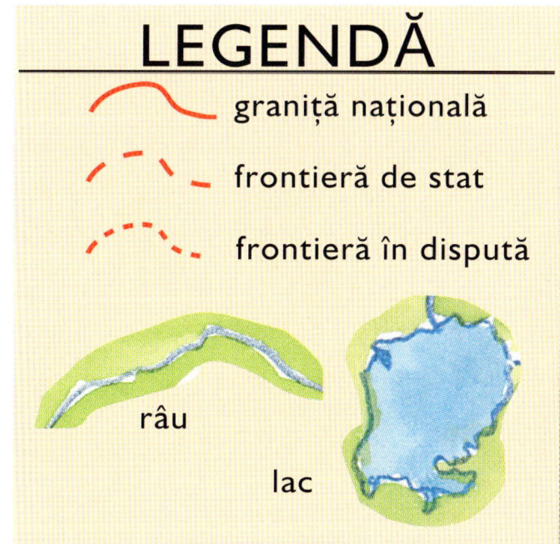

Deșerturi – Regiuni secetoase cu nisip și stânci

Pajiști aride și stepe – Câmpuri plane, ierboase, cu puțini arbori

Pajiști temperate – Câmpuri plane, ierboase, cu arbori

Pădure – Regiuni cu mulți arbori

Munți – Relief înalt și peisaj accidentat

Tundră – Regiune plană în apropierea Arcticii, cu sol înghețat și fără copaci

Suprafețe acoperite cu gheață și zăpadă – Locuri în care gheața și zăpada acoperă solul

Mări și oceane – Apă sărată care acoperă o mare parte a planetei

Lumea

Pământul este plin de viață. Păsări, mamifere, reptile, amfibieni, insecte, pești: fiecare dintre aceste clase de viețuitoare cuprinde multe mii de specii diferite. Unele viețuitoare se deplasează dintr-un loc în altul în căutarea hranei, a căldurii sau a adăpostului. Acest fenomen poartă numele de migrație.

Fluturii monarh își petrec iarna în sudul S.U.A. și în Mexic. Vara, ei migrează la mii de kilometri spre nord, în nordul S.U.A. și în Canada.

Poți să descoperi unul pe hartă?

Canada şi Alaska

Canada nordică și Alaska se află în interiorul Cercului Polar Arctic, regiune cu temperaturi foarte scăzute. Pustiul acesta înzăpezit poartă numele de tundră. Mai departe, spre sud, există munți înalți, câmpii ierboase și lacuri întinse. Numeroase animale trăiesc în fiecare dintre aceste medii diferite.

Urșii grizzly trăiesc în zone reci, în păduri, în munți și în tundră. Iarna, își sapă vizuini, în care hibernează.

Poți găsi unul pe hartă?

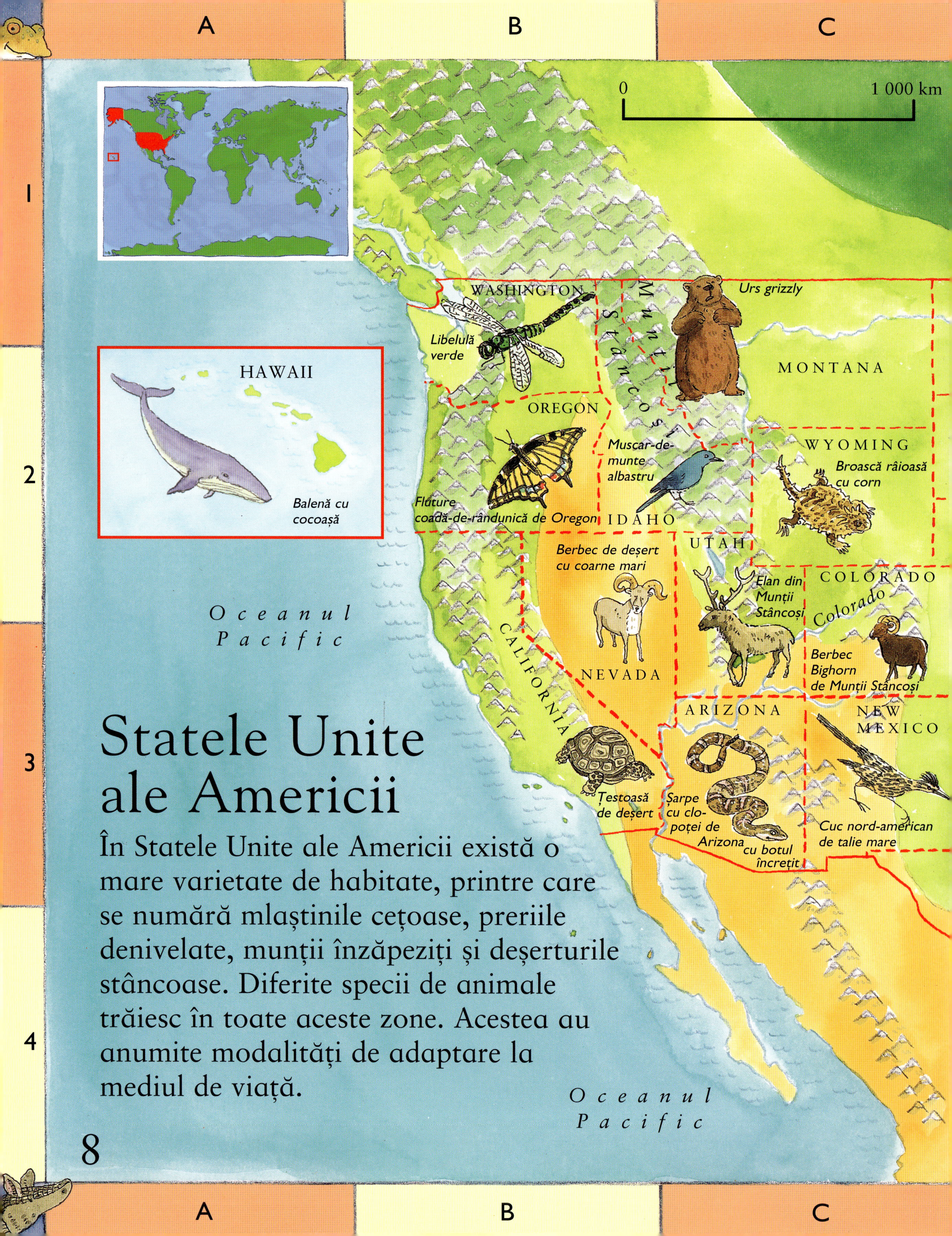

Statele Unite ale Americii

În Statele Unite ale Americii există o mare varietate de habitate, printre care se numără mlaștinile cețoase, preriile denivelate, munții înzăpeziți și deșerturile stâncoase. Diferite specii de animale trăiesc în toate aceste zone. Acestea au anumite modalități de adaptare la mediul de viață.

Ori de câte ori un **șarpe cu clopoței (crotal)** își leapădă pielea, cozii lui i se adaugă un nou segment. Acesta este motivul pentru care cei mai vârstnici sunt mai zgomotoși!

Poți să găsești unul pe hartă?

Rechinul de recif caraibian poate să atingă o lungime de trei metri și este cel mai întâlnit tip de rechin din recifele de corali ale Mării Caraibilor.

Poți să găsești unul pe hartă?

Legendă pentru statele din Marea Caraibilor:

1 PUERTO RICO (S.U.A.)
2 ST. KITTS ȘI NEVIS
3 ANTIGUA ȘI BARBUDA
4 DOMINICA
5 SANTA LUCIA
6 ST. VINCENT ȘI GRENADINE
7 BARBADOS
8 GRENADA
9 TRINIDAD-TOBAGO

Mexicul, America Centrală și bazinul Mării Caraibilor

În nordul Mexicului sunt deșerturi aride, iar în America Centrală, păduri tropicale umede. Nu există multe viețuitoare capabile să supraviețuiască în arșița pârjolitoare a deșertului, însă în pădurile tropicale se găsește o varietate uimitoare de animale și de plante. La est, Marea Caraibilor este faimoasă pentru recifele ei de corali, care sunt gazda unor multicolore specii de viețuitoare marine.

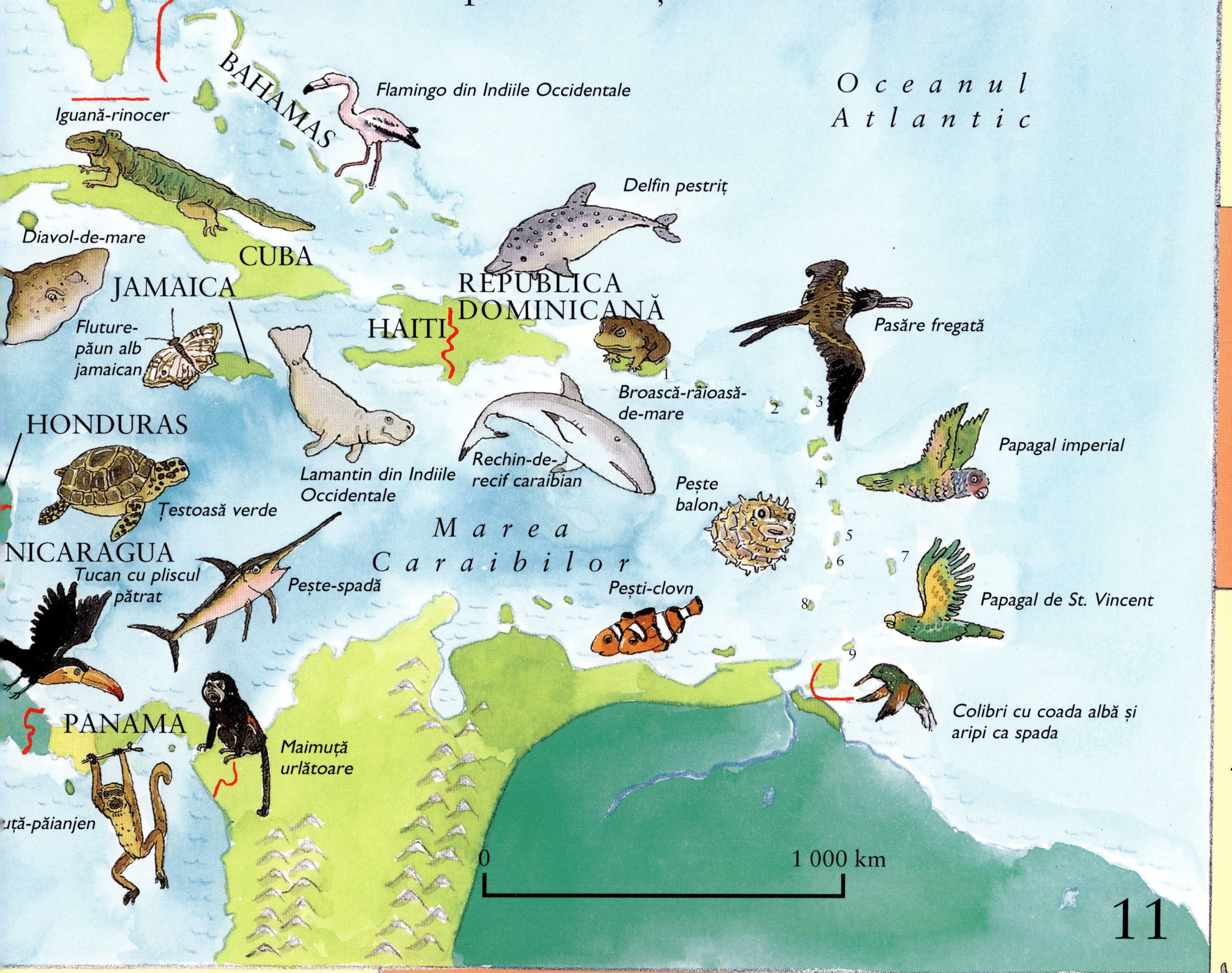

Deşerturile stâncoase

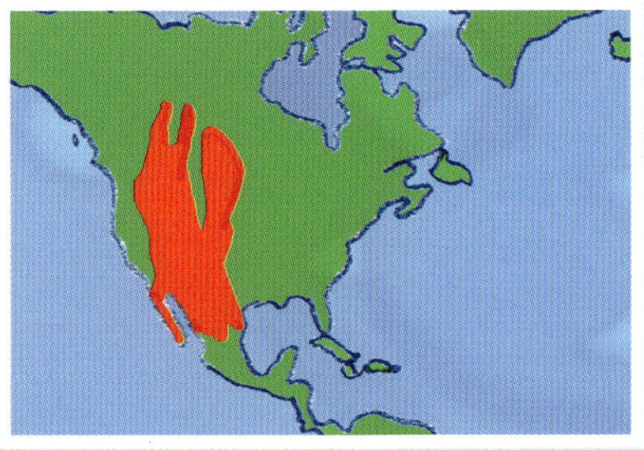

Deșerturile din vestul S.U.A. sunt foarte aride și fierbinți. În astfel de condiții aspre, puține plante pot supraviețui. Animalele care trăiesc în acest mediu au modalități specifice de a vâna și de a se proteja de căldura dogoritoare.

Atunci când este atacată, **șopârla gecko apuseană** poate să-și „piardă" coada în mod intenționat. Animalul de pradă mănâncă doar coada, în timp ce șopârla fuge și scapă.

Cucul nord-american de talie mare are dimensiunile unei găini. El este capabil să alerge cu 40 de kilometri pe oră.

Atunci când **șopârla chuckwalla** se ascunde printre stânci, își umflă trupul în asemenea măsură încât nu poate fi trasă afară de un animal de pradă.

Când un **crotal diamant apusean** își scutură coada, vârful acesteia clincăne ca un clopoțel!

Gila este o specie periculoasă de șopârlă. Ea împroașcă venin printre dinți.

Testoasă de deșert

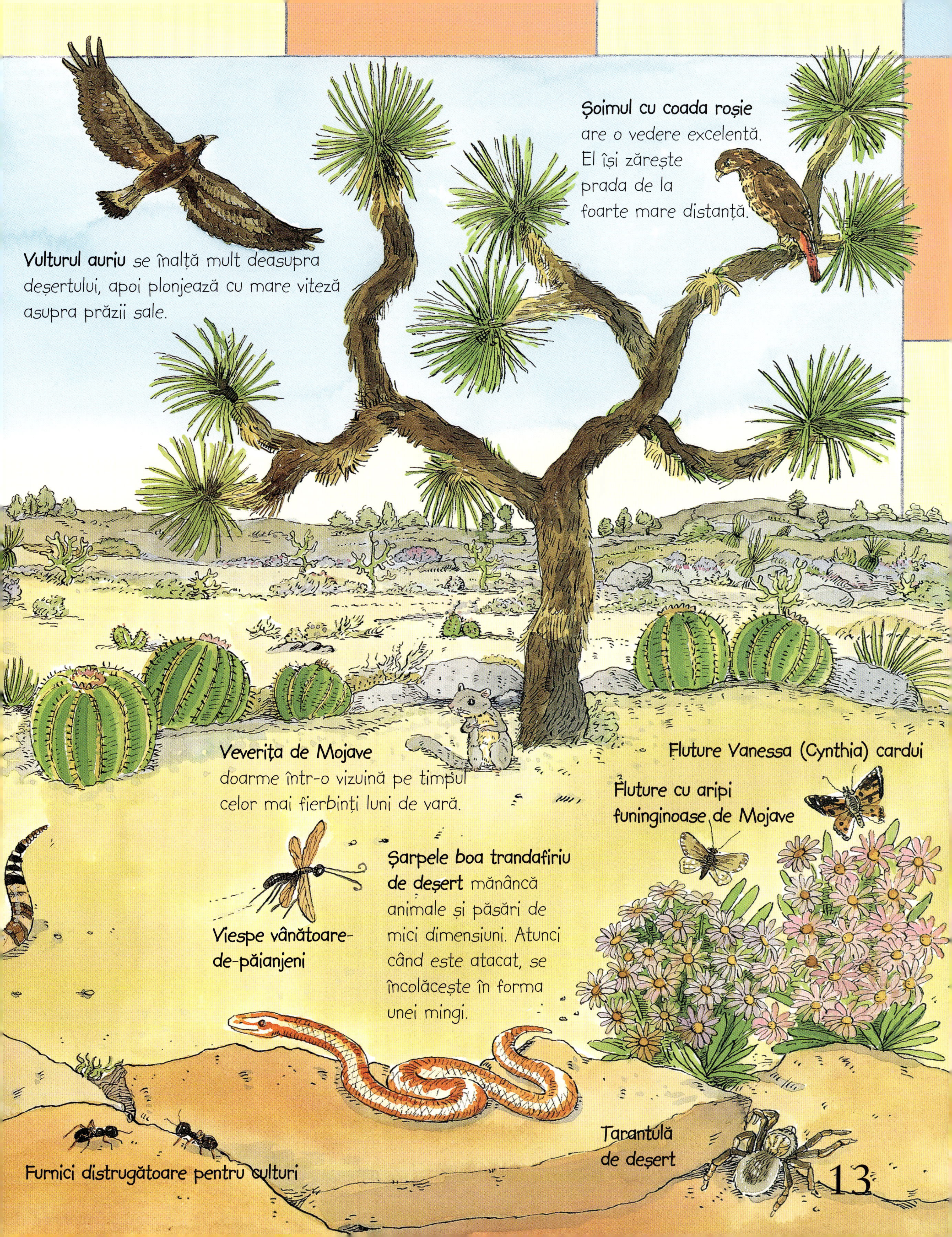

Vulturul auriu se înalță mult deasupra deșertului, apoi plonjează cu mare viteză asupra prăzii sale.

Șoimul cu coada roșie are o vedere excelentă. El își zărește prada de la foarte mare distanță.

Veverița de Mojave doarme într-o vizuină pe timpul celor mai fierbinți luni de vară.

Fluture Vanessa (Cynthia) cardui

Fluture cu aripi funinginoase de Mojave

Viespe vânătoare-de-păianjeni

Șarpele boa trandafiriu de deșert mănâncă animale și păsări de mici dimensiuni. Atunci când este atacat, se încolăcește în forma unei mingi.

Tarantulă de deșert

Furnici distrugătoare pentru culturi

A
B
C
D
1
2
3
VENEZUELA
COLUMBIA
SURINAM
GUYANA
GUYANA FRANCEZĂ (FRANȚA)
ECUADOR
PERU
BOLIVIA
PARAGUAY
BRAZILIA
ECUATOR
Pădurea tropicală amazoniană
Amazon
Paraná
Munții Anzi
Ibis stacojiu
Puma
Vidră uriașă
Testoasă matamata
Maimuță urlătoare roșie
Broască-bou sud-americană
Broască veninoasă
Megaliliac
Caiman negru
Cobai
Capibara
Tapir
Jaguar
Anaconda
Vultur răpitor
Tucan
Leneș cu două degete
Fluture morpho albastru
Condor andin
Tatu uriaș
Urs cu ochelari
Lup cu coamă
Insulele Galápagos (Ecuador)
Testoasă uriașă de Galápagos
Șinșila
Furnicar uriaș
Maimuță-capucin maronie

America de Sud

În America de Sud există o mare varietate de habitate. Pădurea tropicală amazoniană adăpostește mai multe specii decât oricare altă regiune din lume. Anzii, cel mai lung lanț muntos de pe glob, adăpostesc specii diferite de animale. Pășunile sudice, la rândul lor, sunt căminul a numeroase animale sălbatice.

Condorul andin este una dintre cele mai grele păsări zburătoare din lume, cântărind până la 11 kilograme.

Poți să găsești unul pe hartă?

Pădurile tropicale

Pădurea tropicală amazoniană are un climat fierbinte și, în același timp, extrem de umed: plouă circa 250 de zile pe an. Această combinație este perfectă pentru viața plantelor și a animalelor. Astfel, aici trăiesc numeroase specii, unele încă necunoscute.

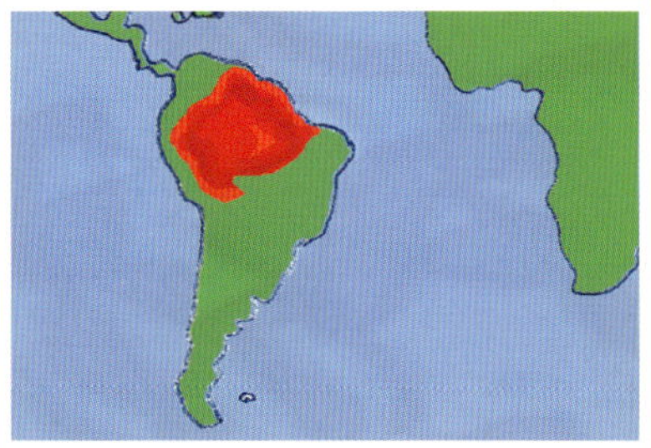

Pliscul multicolor al **tucanului toco** este aproape tot atât de mare ca și pasărea în sine. În cea mai mare parte, este din os ușor.

Fluturii morpho albaștri au aripile de culoare albastră strălucitoare. Acestea sclipesc în bătaia razelor soarelui.

Caimanul negru este un aligator periculos, care vânează animale de mari dimensiuni, chiar și oameni.

Iguană verde

Climatul umed al pădurilor tropicale este ideal pentru existența broaștelor. Coloritul viu al **broaștei veninoase** avertizează animalele de pradă să nu se apropie de ea.

Cărăbușul cu coarne lungi are două antene care pot să depășească lungimea trupului.

Leneșul cu două degete mănâncă, doarme și chiar naște pui stând cu susul în jos!

Cel mai mare rozător din lume este **capibara**. Are o lungime de peste un metru și o înălțime de 50 de centimetri.

Blana pătată a **jaguarului** îl ajută să se ascundă printre umbrele pădurii tropicale.

Ciudata **țestoasă matamata** înhață viețuitoarele mărunte în timp ce plutesc sau înoată pe lângă ea.

Vidrele uriașe pot să reziste sub apă timp de mai multe minute. Mustățile lor sensibile le ajută să-și găsească prada în nămolul râului.

A
B
C
D
1
2
3
0
400 km
CERCUL POLAR ARCTIC
ISLANDA
Vulpe polară
Heringi
Balenă ucigașă
Gluton
CERCUL POLAR ARCTIC
Vidră eurasiatică
Ren
Cal de fiord
Lup
NORVEGIA
SUEDIA
FINLANDA
Somon
Râs
Păstrăv
Marea Nordului
Oi
Elan
Nurcă europeană
ESTONIA
Foci cenușii
Porc
DANEMARCA
Guilemotă
Viezure
Castor
LETONIA
Vacă de lapte
Marea Baltică
LITUANIA
Stârc alb

Europa de Nord și de Est

Animalele care trăiesc în nordul Europei rezistă cu bine în pădurile friguroase de pini sau în munți. Spre sud, climatul este mai cald și se întâlnește o mai mare varietate de specii de animale. În apropierea Mării Mediterane, animalele sunt bine adaptate la acel climat fierbinte.

Renul din regiunile nordice ale Norvegiei și Suediei este tot timpul pe drum, în căutarea hranei. Turme numeroase traversează înot râurile înghețate și, uneori, chiar și marea, între insule.

Poți să găsești unul pe hartă?

Europa de Vest

Europa este un continent relativ mic, dar cu numeroase tipuri de peisaje care adăpostesc multe specii de animale sălbatice. Acestea se găsesc pretutindeni, din ținuturile împădurite, răcoroase și umbroase, până în câmpiile cu climă fierbinte și uscată. Animalele s-au adaptat și la condițiile de viață din munții înalți ai Europei Centrale și de Sud.

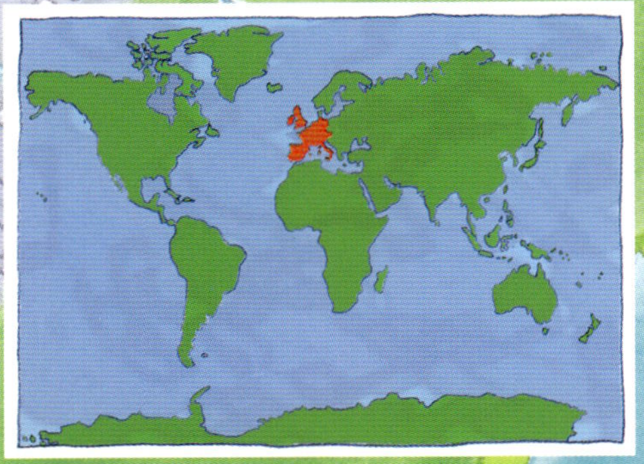

Veverițele cenușii au fost aduse în Marea Britanie din Statele Unite ale Americii în decursul secolului al XIX-lea. În prezent, ele sunt mai numeroase decât veverițele roșcate băștinașe.

Poți să găsești una pe hartă?

GERMANIA
BELGIA
LUXEMBURG
FRANȚA
ELVEȚIA
LIECHTENSTEIN
AUSTRIA
MONACO
SAN MARINO
ITALIA
ANDORRA
SPANIA
PORTUGALIA
GIBRALTAR (U.K.)
MALTA
Oceanul Atlantic
Marea Mediterană
Sena
Loara
Ron
Pad
Dunărea
Alpi
Ebru
Tagus (Tejo)
Corsica (Franța)
Sardinia (Italia)
Sicilia (Italia)
Insulele Baleare (Spania)
Vulpe roșcată
Stârc alb
Căprioară
Mistreț sălbatic
Marele bâtlan alb
Iepure european
Vacă
Crab brun
Râs eurasiatic
Gâscă
Stridii
Cal sălbatic
Capră Ibex
Capră alpină
Porc spinos cu creastă
Vultur-grifon
Taur
Scrumbii
Fluture Apollo
Sardele
Rac-cu-platoșă
Sepie
Crevete
Viespar
Flamingo uriaș
Linx comun
Homar european
Ton
Anșoa
Caracatiță cu pete albe
Pește spadă
A
B
C
D
4
5
6

Pădurile

Copacii care-și pierd frunzele pe timp de iarnă sunt numiți „foioase”. Pădurile de foioase din Europa adăpostesc diferite specii de animale, păsări și insecte. Fiecare dintre animalele din pădure are o sarcină de îndeplinit — cum ar fi răspândirea semințelor.

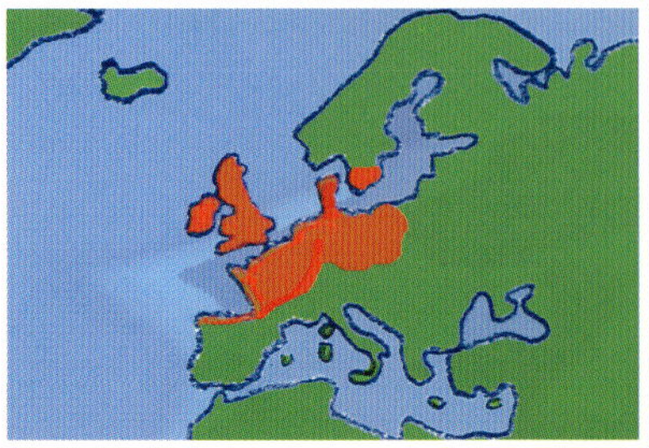

Toamna, **veverița cenușie** își îngroapă proviziile în pământ. Ea le scoate de acolo iarna.

Prihorul se luptă cu semenii săi ca să-și apere teritoriul. Este în stare să-și atace până și propria imagine reflectată!

Melcul-de-grădină se retrage în cochilia lui atunci când vremea este secetoasă. Este capabil să supraviețuiască luni în șir fără apă.

Ariciul este activ de obicei pe timpul nopții. Ziua, el se ghemuiește și doarme.

Rusia şi vecinii săi

Rusia este o ţară foarte întinsă, iar varietatea plantelor şi animalelor sălbatice este la fel de mare ca şi cea a peisajelor. Tundra îngheţată, pădurile de pini şi lanţurile muntoase adăpostesc numeroase vieţuitoare din specii diferite. În ţările de la sud de Rusia, climatul este mai uscat, iar animalele care s-au adaptat supravieţuiesc pe întinsele podişuri deşertice.

Lupii trăiesc în pădurile de pini. Blana lor de culoare închisă îi ajută să se ascundă printre umbre, în căutarea prăzii.

Poți să găsești unul pe hartă?

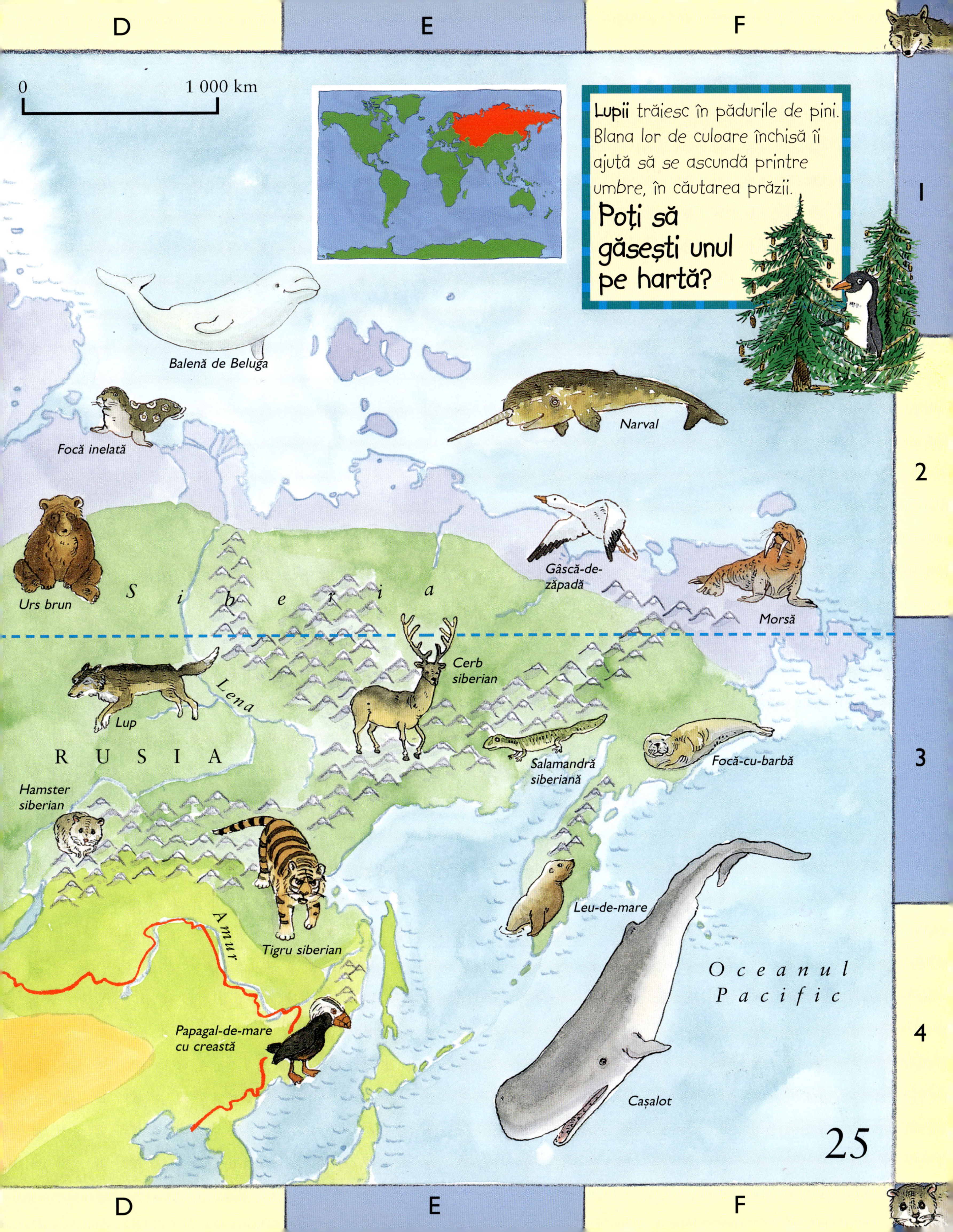

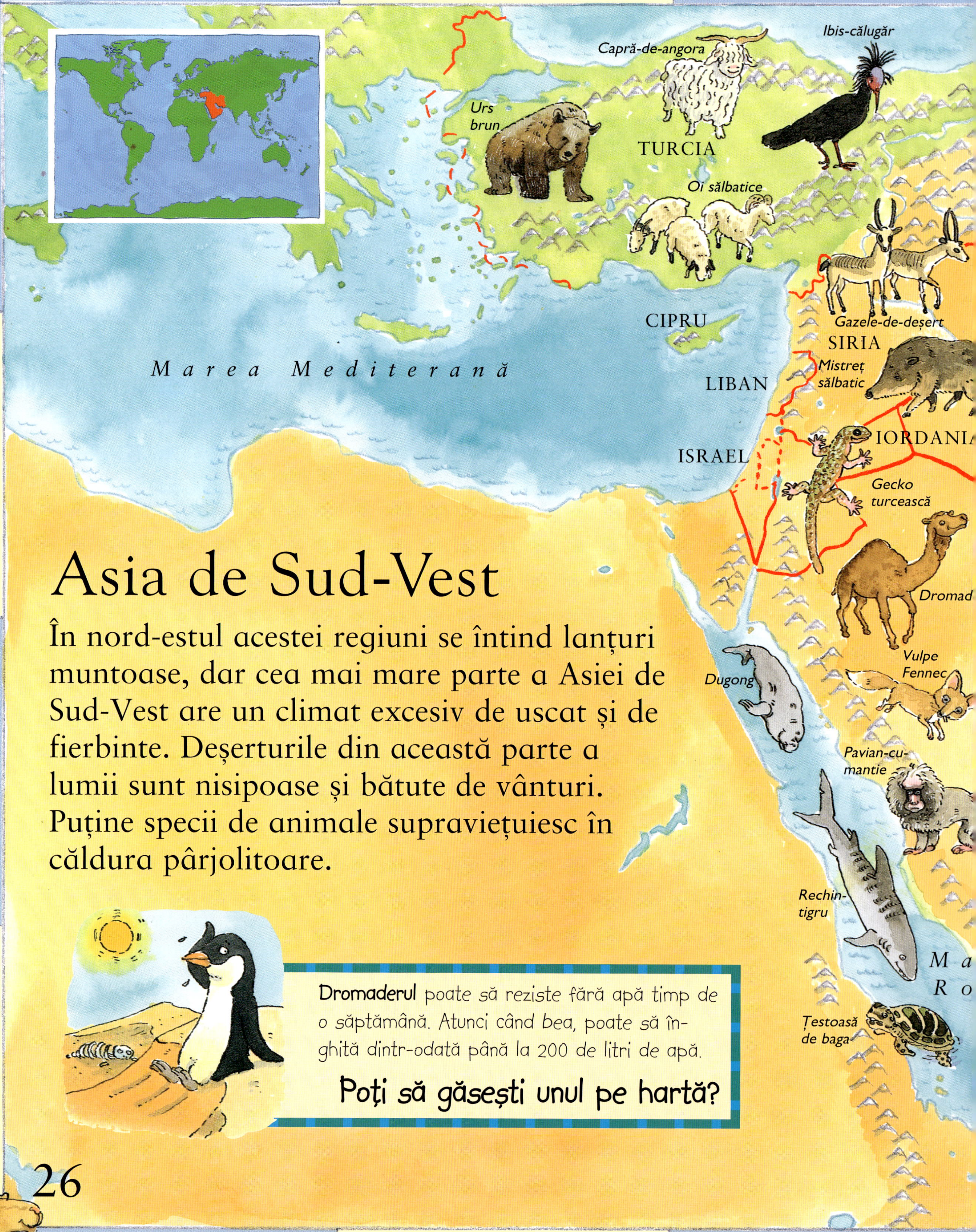

Asia de Sud-Vest

În nord-estul acestei regiuni se întind lanțuri muntoase, dar cea mai mare parte a Asiei de Sud-Vest are un climat excesiv de uscat și de fierbinte. Deșerturile din această parte a lumii sunt nisipoase și bătute de vânturi. Puține specii de animale supraviețuiesc în căldura pârjolitoare.

Dromaderul poate să reziste fără apă timp de o săptămână. Atunci când bea, poate să înghită dintr-odată până la 200 de litri de apă.

Poți să găsești unul pe hartă?

D
E
F
0
800 km
1
2
3
4
Nisetru
Broască râioasă de pământ sud-vest-asiatică
Leul-furnicilor
Gazelă-de-munte arabă
Cocor
Șoarece de deșert săritor
IRAK
Cărăbuș tigrat
IRAN
Cobra-de-deșert iraniană
Tigru
Eufrat
Munții Zagros
Pisică-de-nisip
Caracal
KUWAIT
Linx persan
Deșertul Arabiei
BAHREIN
OMAN
QATAR
Hienă vărgată
Șopârlă iraniană cu coada țepoasă
Sardele
ARABIA SAUDITĂ
E.A.U.
Scorpion galben
Armăsar arab
OMAN
Șoim sudic
Antilopă arabă
YEMEN
Scorpion-de-vânt
Diavol-de-mare
Șoarece de Aden mare
Anșoa
Marea Arabiei
Cameleon voalat
Pește-înger arab

A
B
C
1
2
3
4
Arici-de-deșert
AFGHANISTAN
Ogar afgan
Dropie Houbara
PAKISTAN
Berbec Marco Polo
Himalaya
Iac
Langur auriu
BHUTAN
NEPAL
Cămilă cu două cocoașe
Indus
Delfin-de-Indus
Capre
Gibon Hoolock
BANGLADESH
Gange
INDIA
Mangustă
Bivol sălbatic
Tigru bengalez
Elefant asiatic
Viperă malaysiană
MYANMAR
Cobră regală
Creveți albi
Homar
Liliac cu rât-de-porc
Vacă brahmană
Lemurian mărunt
THAILANDA
Macac
SRI LANKA
Pești-clovn
Rinocer
MALDIVE
ECUATOR
Oceanul Indian
Rechin-tigru
0
1 000 km

Asia de Sud şi de Sud-Est

Un masiv lanţ muntos, numit Himalaya, se întinde în partea de nord a regiunii. Ţările aflate la sud de Himalaya au un climat fierbinte, iar cele aflate în apropierea Ecuatorului au o climă tropicală. O mare parte din Indonezia este acoperită de păduri tropicale dese.

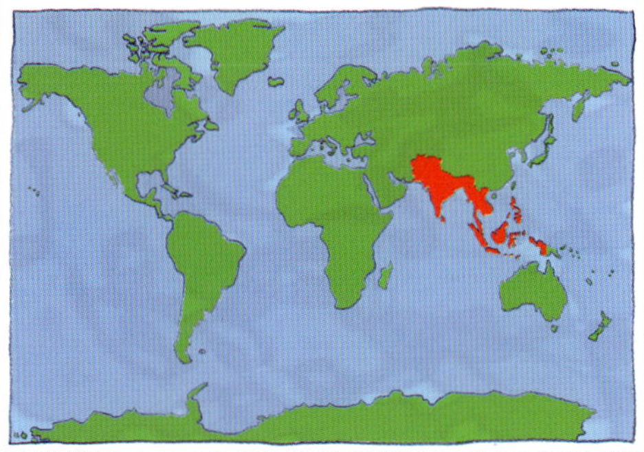

Dragonul-de-Komodo este cea mai mare şopârlă din lume, semănând cu un dinozaur viu. Poate atinge trei metri lungime.

Poţi să găseşti unul pe hartă?

Munţii Himalaya

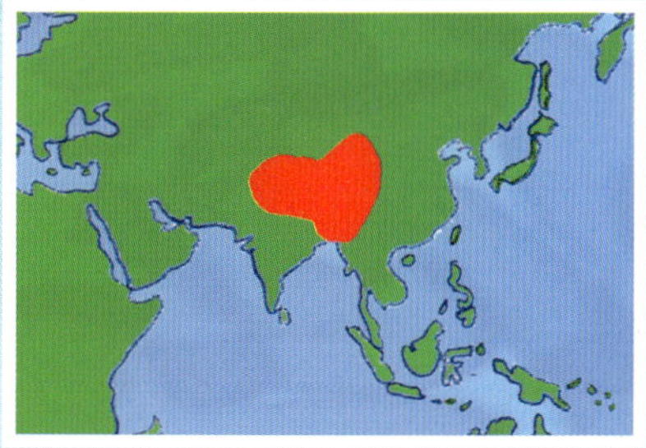

Himalaya este cel mai mare lanț muntos din lume. Aici se află și paisprezece dintre cei mai înalți munți ai lumii. Robustele animale care trăiesc în această regiune sunt foarte bine adaptate condițiilor de viață de pe înaltele versante.

Vulturul bărbos își clădește cuibul sus de tot, pe stâncile abrupte ale munților. Se hrănește cu hoituri de animale, în final aruncând de sus oasele, astfel încât acestea să se sfărâme, iar el să poată ajunge la gustoasa măduvă.

Coțofană albastră cu cioc roșu

Iacul este un bivol sălbatic de munte. El se cațără în căutarea hranei până la altitudini de 6 000 de metri! Un mascul adult cântărește cât zece oameni la un loc.

Jder cu gât galben himalayan

Leoparzii-zăpezilor sunt capabili să trăiască la înălțimi mai mari decât oricare felină sălbatică. Atunci când dorm, își înfășoară cozile în jurul trupurilor, astfel încât să le țină de cald.

Marmotă

Fluture coadă-de-rândunică

Fazanul himalayan mascul este viu colorat. Femela, mai mică, nu are creastă și are penajul maroniu.

Urșii panda uriași trăiesc în pădurile montane de bambus din vestul Chinei. Ei își petrec cel puțin 16 ore pe zi hrănindu-se cu bambus. Iarna, blana lor groasă le ține de cald.

Poți să găsești unul pe hartă?

China și Japonia

China este căminul a numeroase și uimitoare specii de animale sălbatice. O largă varietate de viețuitoare trăiește în munții din sud și în podișurile deșertice din nord. Mările din jurul Japoniei, Coreei de Nord și Coreei de Sud sunt pline de interesante specii de viețuitoare marine.

A
B
C
D
1
2
3
MAROC
Viperă cu corn sahariană
SAHARA OCCIDENTALĂ
Oi
MAURITANIA
Papagal de Senegal
Dromader
ALGERIA
Deșertul Sahara
Antilopă de deșert
Viezure-de-stâncă
TUNISIA
Marea Mediterană
LIBIA
Hienă vărgată
Scorpion-de-deșert
Crocodil de Nil
EGIPT
Marea Roșie
0
1 000 km
MALI
Vite
NIGER
Pisică de nisip
Șoarece de deșert
CIAD
Niger
Nil
Vulpe Fennec
SUDAN
ERITREA
DJIBOUTI
Sfrâncioc sălbatic
GUINEEA
SIERRA LEONE
LIBERIA
CÔTE D'IVOIRE
Aardvark
NIGERIA
Papagal african cenușiu
Hipopotam
Rinocer alb
Antilopă eland
Lup etiopian
ETIOPIA
SOMALIA
CAMERUN
Bivol-de-pădure
Gazela lui Grant
Maimuțica nopții
Cimpanzeu
Gorilă de munte
Lamantin vest-african
Țestoasă de baga
Porc-de-pădure uriaș
UGANDA
ECUATOR
Ghepard
KENYA
GABON
ANGOLA
CONGO
Congo
TANZANIA
1
2
3
4
5
6
7
8
9
10
11
12
13

Legendă pentru țările africane:
1 SENEGAL
2 GAMBIA
3 GUINEEA BISSAU
4 BURKINA FASO
5 GHANA
6 TOGO
7 BENIN
8 SÃO TOMÉ ȘI PRINCIPE
9 GUINEEA ECUATORIALĂ
10 REPUBLICA CENTRAFRICANĂ
11 REPUBLICA DEMOCRATICĂ CONGO
12 RWANDA
13 BURUNDI
14 MALAWI
15 ZIMBABWE

Africa

Africa este căminul unei extraordinare varietăți de plante și animale sălbatice. Specii uimitoare de animale trăiesc pe pajiștile aflate la sud de deșertul Sahara. În Africa apuseană, pădurile tropicale adăpostesc numeroase viețuitoare neobișnuite și rare. Spre sud, animalele supraviețuiesc pe terenuri aride.

Scorpionii-de-deșert își iau toată apa necesară din mâncare. Ei se hrănesc cu insecte și cu păianjeni. Puiul de scorpion se deplasează călare pe spinarea mamei sale, dedesubtul acului ei ucigător.

Poți să găsești unul pe hartă?

4 5 6 A B C D

Savanele

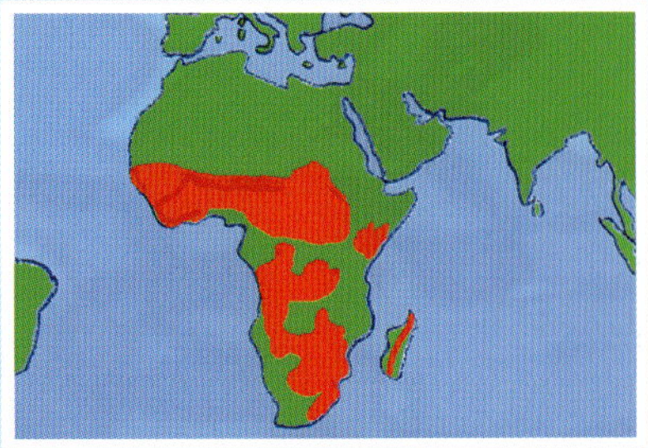

Vastele și ierboasele câmpii ale Africii poartă numele de „savane”. Turme de animale sălbatice, cum ar fi gazelele, trăiesc în acest habitat. Ele sunt vânate de lei și de alte animale mai iuți și mai puternice.

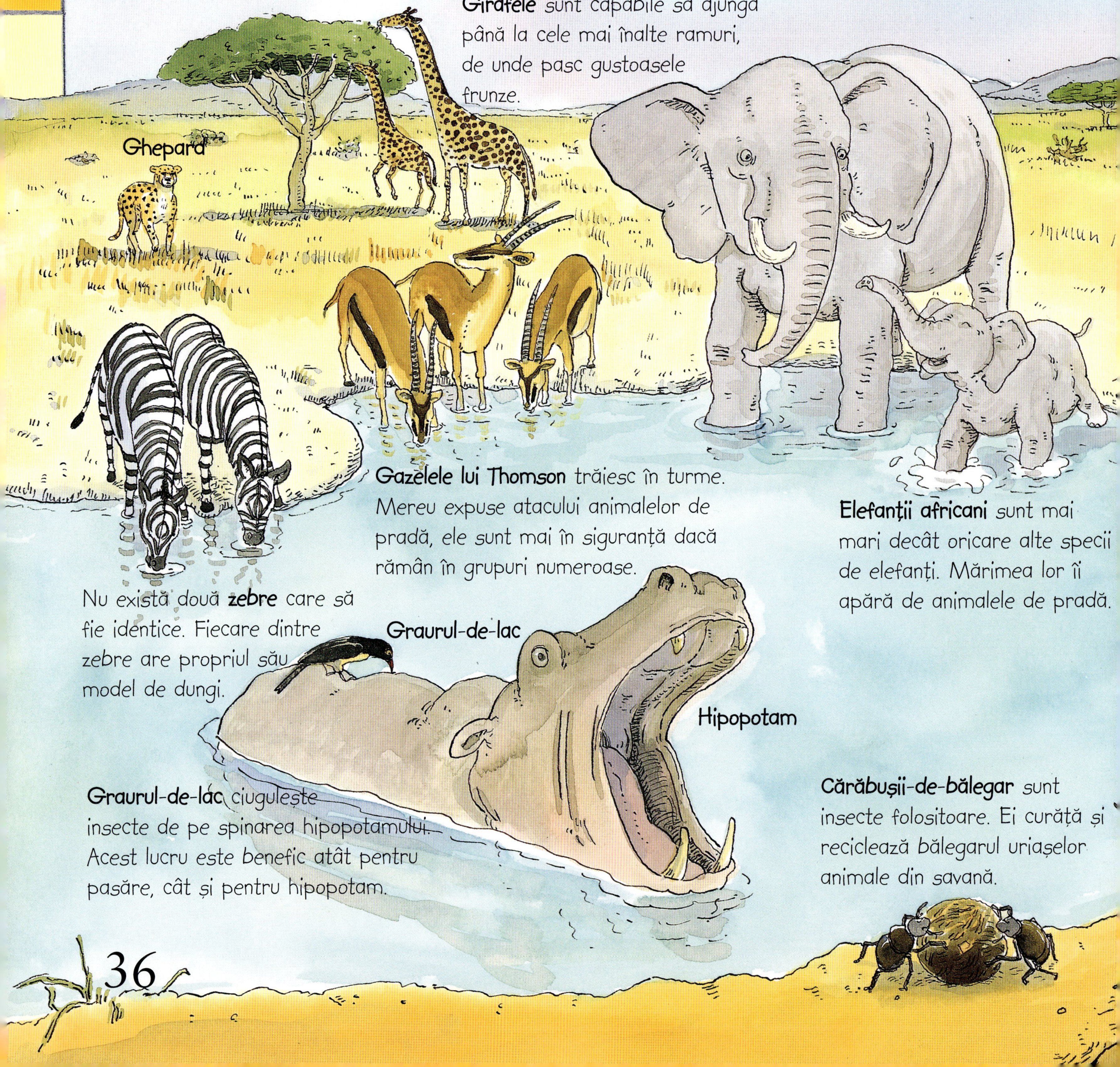

Girafele sunt capabile să ajungă până la cele mai înalte ramuri, de unde pasc gustoasele frunze.

Gazelele lui Thomson trăiesc în turme. Mereu expuse atacului animalelor de pradă, ele sunt mai în siguranță dacă rămân în grupuri numeroase.

Elefanții africani sunt mai mari decât oricare alte specii de elefanți. Mărimea lor îi apără de animalele de pradă.

Nu există două **zebre** care să fie identice. Fiecare dintre zebre are propriul său model de dungi.

Graurul-de-lac ciugulește insecte de pe spinarea hipopotamului. Acest lucru este benefic atât pentru pasăre, cât și pentru hipopotam.

Cărăbușii-de-bălegar sunt insecte folositoare. Ei curăță și reciclează bălegarul uriașelor animale din savană.

Babuini-de-savană

Vulturul-grifon nu ucide niciodată pentru propria hrană. El se hrănește cu animale deja moarte.

Maimuțele colobus alb-negre răsăritene se adăpostesc de căldură printre crengile umbroase ale copacilor.

Leul mascul nu vânează la fel de mult ca femela. Leii trăiesc în grupuri familiale.

În cazul în care **pangolinul** (furnicarul solzos) se află în primejdie, el se face ghem.

Rinocerii negri vin la ochiurile de apă, să bea.

Varanul-de-savană își repede limba înfurcată în căutarea prăzii. El se hrănește cu păsări, cu șerpi, cu șopârle și cu ouă.

Colții unui **porc alergător** mascul pot să crească până la o lungime de 63 de centimetri.

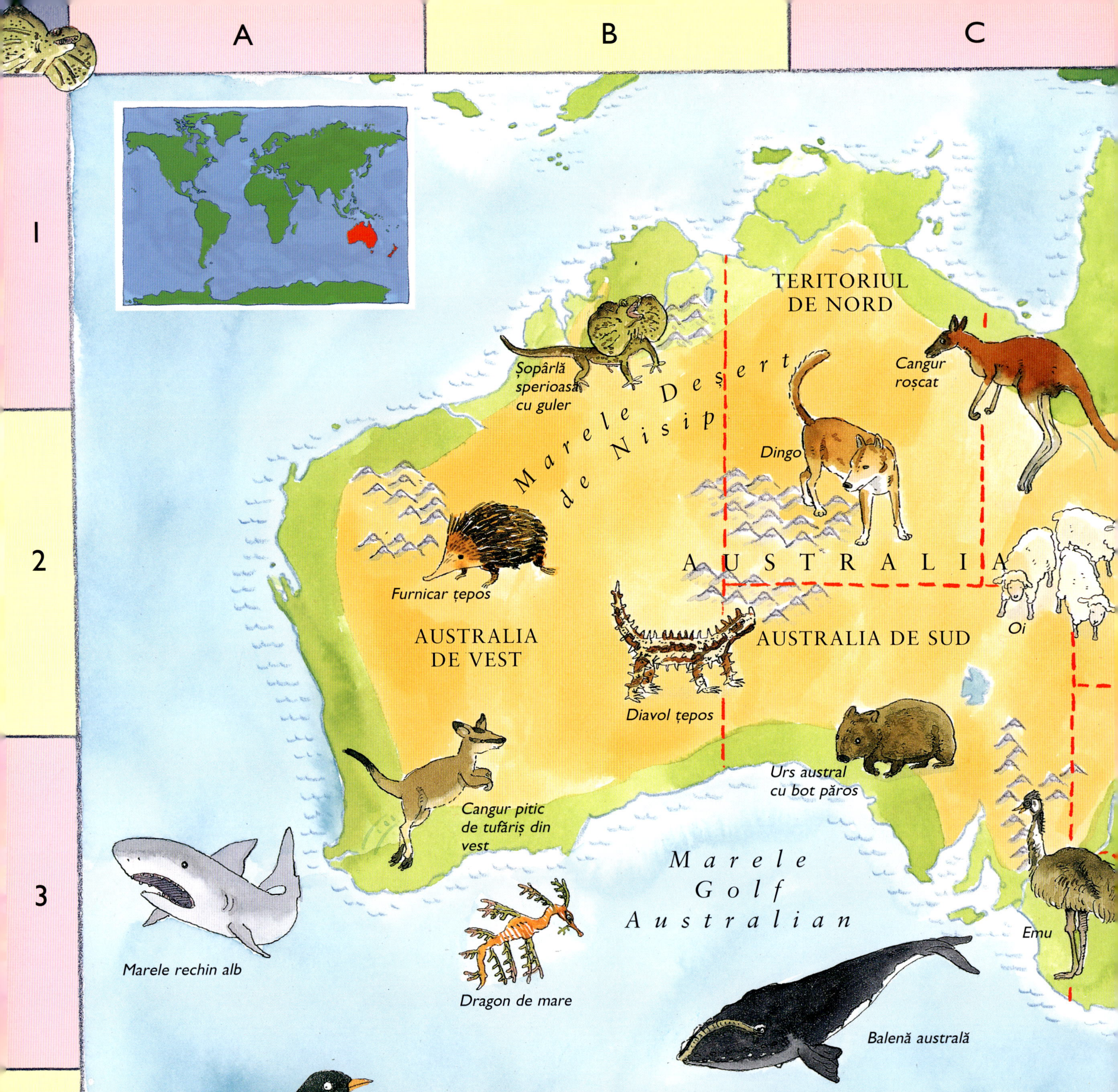

Cangurul roșcat țopăie prin câmpiile ierboase ale Australiei cu viteze de până la 60 de kilometri pe oră. El își menține echilibrul cu ajutorul cozii sale lungi.

Poți să găsești unul pe hartă?

Australia şi Noua Zeelandă

Unele dintre animalele care trăiesc în această parte a lumii nu sunt de găsit nicăieri altundeva, cum este cazul ciudatului ornitorinc din Australia, mamiferul cu cioc de rață, sau al păsării kiwi, inapte pentru zbor, din Noua Zeelandă. În aceste două țări, numărul oilor este mai mare decât cel al oamenilor.

Insulele din Pacific

Mii de insule mărunte, cămin pentru șopârle, păsări și insecte, sunt împrăștiate de-a lungul Oceanului Pacific de Sud. Apele tropicale sunt pline de o fascinantă viață acvatică.

Peștii zburători nu zboară cu adevărat: ei alunecă pe suprafața apei cu ajutorul înotătoarelor întinse la maximum.

Poți să găsești unul pe hartă?

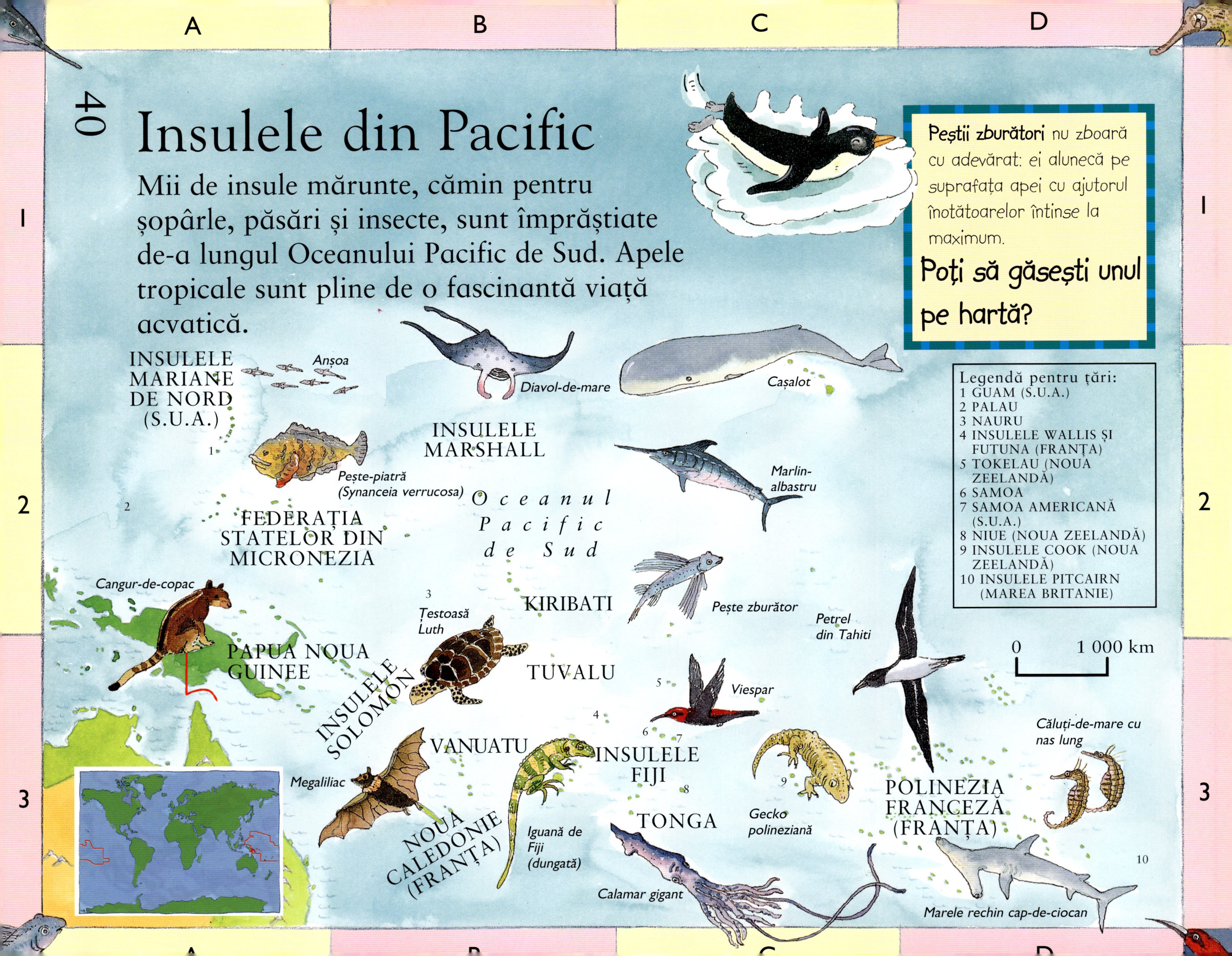

Recifele de corali

Recifele de corali sunt alcătuite din cochiliile a miliarde de minuscule viețăți marine. Marea Barieră de Corali se întinde în apropierea coastei nord-estice a Australiei.

Testoasa cap-pătrat se hrănește cu moluște, crabi, meduze, calmari și pești.

Otrăvitorul **șarpe-de-mare măsliniu** se ridică înot până la suprafața apei ca să respire.

Otrava **caracatiței cu inele albastre** poate să omoare o ființă umană adultă în câteva minute.

Meduzele-cutie (viespile-de-mare) cresc până la mărimea unei mingi de baschet. Înțepătura lor este mortală.

Scoica uriașă din această regiune este cea mai mare moluscă din lume. Cochilia ei poate să atingă o lungime de un metru și jumătate.

Cercul Polar Arctic

Înghețatul Ocean Arctic și cele mai nordice ținuturi de uscat ale lumii reprezintă căminul unui surprinzător de mare număr de viețăți sălbatice. Toate viețuitoarele ținuturilor arctice s-au adaptat în mod special pentru traiul în acest habitat aspru.

Rândunica-de-mare polară migrează dinspre Arctica spre Antarctica și înapoi. Ea zboară până la 40 000 de kilometri într-un singur an.

Poți să găsești una pe hartă?

Antarctica

Continentul Antarctica este atât de friguros, încât nu pot să supraviețuiască prea multe ființe acolo. Balenele, rechinii și focile înoată în apele înghețate, iar pinguinii se înghesuie unii în alții pe marginile ghețurilor.

Pinguinul imperial își petrece cea mai mare parte a timpului în apele înghețate ale Antarcticii, dar se înmulțește pe gheață.

Poți să găsești unul pe hartă?

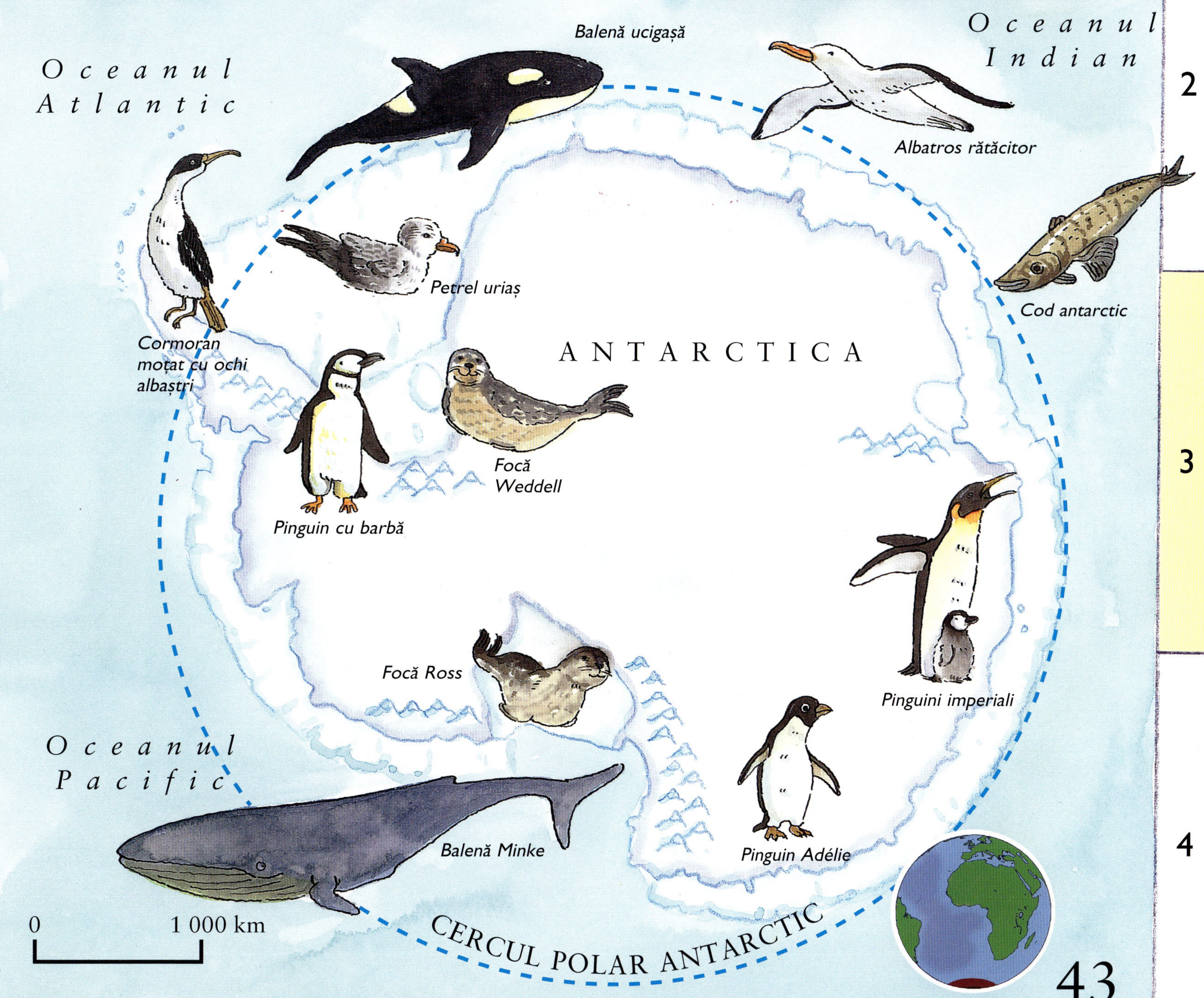

Arctica

Foarte puține plante cresc în ținuturile înghețate ale Arcticii. O câmpie lipsită de copaci, numită tundră, se întinde în toate direcțiile. Pe coastă, apele înghețate ale oceanului se izbesc de stâncile dezgolite și de ghețuri. Animalele arctice și-au dezvoltat modalități inteligente de a-și menține căldura și de a supraviețui în mediul lor geros.

Narvalul este o specie de balenă. Cornul acestor cetacee poate atinge trei metri: aproape jumătate din lungimea corpului lor!

Balenă Beluga

Morsa are colți lungi cu care se ancorează de gheață, astfel încât să poată dormi în apă.

Focile inelate sunt cele mai răspândite foci din Arctica. Ele sunt vânate de urșii polari.

Lemingi gulerați

Rândunicile-de-mare polare au aripi puternice, care măsoară până la 84 de centimetri de la un vârf până la celălalt.

Spre deosebire de majoritatea speciilor de bufnițe, **bufnița-zăpezilor** vânează și ziua. Picioarele și ghearele îi sunt acoperite cu pene, astfel încât s-o protejeze de frig.

Karibu Peary (tuktu)

Iepurii polari au blana albă, astfel încât să se poată ascunde în zăpadă.

Vulpea polară își găsește adăpost în vizuini stâncoase. Unele vizuini au fost folosite secole la rând de numeroase generații de vulpi.

Stratul de grăsime de sub blana **urșilor polari** îi ajută să înoate în apele oceanului fără să moară înghețați.

Glosar

amfibian
Animal născut în apă care trăiește pe uscat.

animal de pradă
Animal care vânează și mănâncă alte animale.

antenă
Tentacul sau corn.

anvergură
Distanța dintre vârfurile aripilor.

banc
Grup de viețuitoare marine.

bârlog
Loc adăpostit.

bălegar
Reziduuri organice.

câmpie
Suprafață plată, lipsită de copaci.

climat
Vremea obișnuită într-o anumită zonă.

colț
Dinte lung care iese în afară din gura unui animal.

continent
Unul dintre cele șapte imense blocuri de uscat ale Pământului.

deșert
Suprafață întinsă de sol arid.

Ecuator
Linie imaginară trasată la mijlocul Pământului, de jur împrejurul său.

foioase
Copaci care-și pierd frunzele pe timp de iarnă.

habitat
Locul în care trăiește un animal.

hibernare
Somn care durează întreaga iarnă.

hrană
Alimentele mâncate de obicei de o ființă vie.

inapt pentru zbor
Incapabil să zboare.

înotătoare
Parte subțire, plată a corpului unui pește.

mamifer
Animal cu sânge cald care-și hrănește puii cu lapte.

marin
Din apa mării.

măduvă
Substanța moale aflată în interiorul oaselor.

mediu
Natura înconjurătoare.

migrație
Efectuarea uneia și aceleiași călătorii în aceeași perioadă a fiecărui an.

mlaștină
Mocirlă, smârc.

moluscă
Animal cu trupul moale și cochilie tare.

pădure tropicală
Pădure situată la tropice, cu un climat fierbinte și umed.

păscut
Hrănire cu iarbă sau frunze.

plutire
Zbor fără bătăi din aripi.

pradă
Animal vânat și mâncat de un alt animal.

prerie
Pajiște plană din America de Nord.

recif de corali
Construcție marină vie, alcătuită din cochilii de vietăți acvatice minuscule.

reptilă
Animal cu sânge rece care se deplasează târându-se.

rozătoare
Animale ai căror dinți din față sunt foarte mari, fiind folosiți pentru mestecat.

specie
Grup de animale sau de plante cu aceleași caracteristici.

tentacule
Componente lungi, flexibile ale corpului unui animal, folosite pentru prindere, pipăit sau deplasare.

teritoriu
Suprafață de pământ care-i aparține unui anumit animal.

tropicală
Suprafață din apropierea Ecuatorului, cu un climat fierbinte.

tundră
Câmpie înghețată, lipsită de copaci.

turmă
Grup de animale.

venin
Otravă folosită pentru uciderea prăzii.

vizuină
Gaură sau tunel în care trăiește un animal.

Index

M

N

O

P

Q

R

S

Ș

T

Ț

U

V

W

Y

Z